My Fun Swahili book of

Activities

Shughuli

Cheza
Play

An English Swahili Activities Book

by Salome Thuo in collaboration with
Matthew Ngure and Andrew Ngure

Copyright

Published by
Fun Swahili Press
Brockton, MA 02302

For more fun Swahili books, please visit us online at www.funswahili.com or join our Facebook group https://www.facebook.com/groups/funswahili or email info@funswahili.com

Acknowledgements

The author would like to acknowledge the following people for their help and participation in this book: Francis K, Matthew N, Andrew N, Teresia T, Janet K, Jonathan K, Kiburi, Mercy K, Eunice M, Amos Jr, Amos W, Serah T, Mason N, Morby, Josh M, Chloe M, Catherine M, Amos T, Alicia K, Justin K, Bonface T, Margaret K, Mary K, Mukuria, Jane, Kamau, Sammy, Monica Thuo and to all my family and friends for your support along the journey.

Thank you for all the feedback, ideas and suggestions.

Thank you to all my wonderful Swahili learners in my inner circle for helping me with the research, for your awesome feedback and for being so responsive to learning Swahili!

You all Rock!

Dedication

With lots of love ...... to my awesome *'Fresh Bros'* Matthew and Andrew, my amazing niece Janet, all my awesome nephews and nieces and to all the second generation Kenyans living abroad.

This book is also dedicated to all the Diaspora parents who have always wanted to teach their kids Swahili but have struggled. You are not alone! We got this!

Tujifunze Swahili! Let's learn Swahili!

Table of Contents

Introduction

Kiswahili or Swahili is a language spoken in East and Central Africa. Swahili is the national language in Kenya and the official language in Tanzania. Most linguists consider Swahili to be an easy language to learn for an English speaker, because words are read the way they are written.

My Fun Swahili Book of Activities Shughuli teaches common day to day activities in Swahili and English making it fun and easy to follow. The book has beautiful illustrations of the day to day activities and actions which are simple, fun and easy to understand.

How to use this book!

Start learning your Swahili by practicing the syllables daily. This will help you to get comfortable with pronouncing your words as well as reading in Swahili. Please also practice your greetings and how to introduce yourself and put them to use right away when speaking, to reinforce what you know.

A recommendation for studying the activities is to study them in groups. For instance, study the activities related to waking up and sleeping then study activities related to eating and cooking. As soon as you learn an activity in Swahili please start using it in Swahili immediately to reinforce what you are learning.

The book also includes some Swahili grammar samples, and many common Swahili words. Use this section to build your Swahili vocabulary and start to form some simple Swahili sentences.

Parents Corner!

Parental support is very important! Parents should use this book as a guide to help them get started with their journey of teaching their kids Swahili. Please review the various activities then start reinforcing what the kids have learnt by saying those activities in Swahili daily. Be their language parent and their support system. You got this!

Welcome! Karibu!

Swahili Alphabet and Vowels ~ Alfabeti na Vokali

Swahili Alphabet ~ Alfabeti ya Swahili

a b ch d e f g h i j k l
m n o p r s t u v w y z

Notice that there is **no Q or X** in Swahili. Additionally letter C never appears on its own in Swahili. It is always used with H to make CH.

Swahili Vowels ~ Swahili Vowels

a   e   i   o   u

The Swahili Vowels are the same as the English Vowels.

Suggestion on how to pronounce the vowels

a	like a in **a**lligator or **a**pple
e	like e in **e**gg or **e**lephant
i	like ee in t**ee**th or s**ee**k
o	like o in **o**ctopus or **o**nly
u	like oo in c**oo**l or b**oo**k

Swahili Alphabet fun facts!

❖ Swahili does not have silent letters. Vowels only have one sound which does not change. It also does not combine 2 vowels into one sound like eat or four in English. If there are two vowels together, pronounce them both. Example: hii (this) would be read as hi-i. choo (toilet) is read as cho-o and toa(remove) is pronounced as to-a.

❖ M an N can be independent syllables like nzuri (good) read as n-zu-ri or mtu (a person) read as m-tu.

Swahili Syllables ~ Silabi

Practice your syllables on a daily basis. The more you practice the easier it will be to speak or read Swahili. Syllables are so much fun! Have fun practicing!

<u>a e i o u</u>

ba be bi bo bu

da de di do du

ga ge gi go gu

ha he hi ho hu

ja je ji jo ju

ka ke ki ko ku

la le li lo lu

ma me mi mo mu

na ne ni no nu

pa pe pi po pu

ra re ri ro ru

sa se si so su

ta te ti to tu

va ve vi vo vu

wa we wi wo wu

ya ye yi yo yu

za ze zi zo zu

<u>The 3+ letter syllables</u>

cha che chi cho chu

dha dhe dhi dho dhu

gha ghe ghi gho ghu

mba mbe mbi mbo mbu

mwa mwe mwi mwo mwu

nda nde ndi ndo ndu

nga nge ngi ngo ngu

ng'a ng'e ng'i ng'o ng'u

nya nye nyi nyo nyu

nywa nywe nywi nywo nywu

sha she shi sho shu

tha the thi tho thu

vya vye vyi vyo vyu

Greetings & Introduction ~ Salamu na kujitambulisha

Greetings ~ Salamu

Hujambo? (Jambo)	Hello
Sijambo	Hello
Habari gani?	How are you?
Nzuri/Njema	Good
Habari za asubuhi?	Good morning?
Si nzuri	Not good
Siku njema	Good day

NOTE: Swahili has a special greeting for an older or a respectable person which is *shikamoo* and the response to this is *marahaba*.

Self Introduction ~ Kujitambulisha

Jina lako ni nani?	What is your name?
(Unaitwa nani?)	
Jina langu ni ___	My name is ___
(Naitwa ___)	
Nimefurahi kukutana nawe!	Nice to meet you!
Ni vizuri kukutana nawe pia!	It is nice to meet you too!
Uko na miaka ngapi?	How old are you?
Niko na miaka ____	I am ____ years old
Unaenda shule gani?	What school do you go to?
Naenda ___ (shule)	I go to ____ (school)
Unafanya kazi wapi?	Where do you work?
Mimi hufanya kazi __	I work at _____ (work)

Activities ~ Shughuli

In the next section we are going to review several day to day activities and actions.

Important!

Start speaking Swahili immediately! Practice is very important! The more you practice the better you will get. As you are learning and practicing your Swahili, don't worry about perfection and how you sound. You are perfectly fine. Just have fun practicing! You will be surprised how quickly you will learn if you are having fun and not worrying about how you sound. You got this!

Remember practice, practice makes better!

Welcome on this exciting journey!
Karibu kwenye safari hii ya kufurahisha!

Amka
Wake up

Josh, amka tafadhali
Josh, wake up please

Lala
Sleep

Lala salama
Sleep well

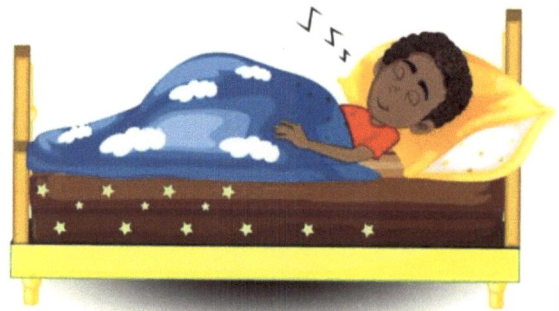

Kumbatia
Hug

Njoo nikukumbatie Fidel
Come I give you a hug Fidel

6

Busu
Kiss

Patia mama busu
Give mommy a kiss

Omba
Pray

Ni wakati wa kuomba
It is time to pray

Soma Bibilia
Read the Bible

Wacha tusome bibilia
Let us read the bible

Kula
Eat

Nora kula chakula chako
Nora eat your food

Kunywa
Drink

Kunywa maji tafadhali
Drink water please

Kata
Cut

Kata tunda na uikule
Cut the fruit and eat it

Pika
Cook

Chloe anapika mayai
Chloe is cooking eggs

Ondoa Vyombo
Clear Dishes

Ondoa vyombo mezani
Clear dishes from the table

Osha Vyombo
Wash Dishes

Ni zamu yako kuosha vyombo
It is your turn to wash dishes

Tumia Choo
Use Toilet

Mason, tumia choo tafadhali
Mason, use the toilet please

Nawa Mikono
Wash Hands

Nawa mikono na sabuni
Wash hands with soap

Kuoga
Shower

Ni wakati wa kuoga mwili
It is time to shower

Osha Uso
Wash Face

Osha uso wako kwanza
Wash your face first

Piga Mswaki
Brush Teeth

Nenda ukapige mswaki
Go brush teeth

Chana Nywele
Comb Hair

Matthew anachana nywele
Matthew is combing his hair

Vaa Nguo
Wear Clothes

Vaa nguo za shule
Wear school clothes

Vua Nguo
Undress

Vua nguo uende kuoga
Take clothes off and go shower

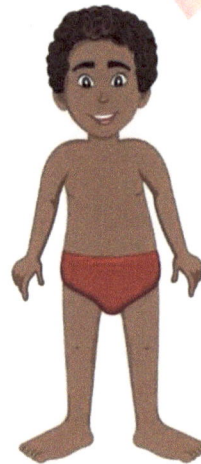

Paka Mafuta
Apply Lotion

Melanie, jipake mafuta tafadhali
Melanie, apply some lotion please

Weka Mapambo
Put Makeup on

Kwanini umeweka mapambo?
Why have you put makeup on?

Tandika Kitanda
Make the Bed

Tandika kitanda chako vizuri
Make your bed neatly

Vaa Viatu
Put Shoes on

Vaa viatu twende nje
Put your shoes on we go outside

13

Nenda Shule
Go to School

Amos, ni wakati wa kwenda shule
Amos, it is time to go to school

Rudi Nyumbani
Return Home

Ni wakati wa kurudi nyumbani
It is time to go home

Soma
Read

Eunice anasoma kitabu
Eunice is reading a book

14

Andika
Write

Andika jina lako tafadhali
Write your name please

Fundisha
Teach

Mwalimu anafundisha
The teacher is teaching

Soma
Learn

Wanafunzi wanasoma
Students are learning

15

Cheza
Play

Marafiki wanacheza
Friends are playing

Cheza Mpira
Play the Ball

Jonathan anacheza kandanda
Jonathan is playing soccer

Gonga Mpira
Hit the Ball

Gonga mpira mbali
Hit the ball far

Tupa Mpira
Throw the Ball

Nitakutupia mpira
I will throw you the ball

Shika Mpira
Catch the Ball

Andrew, kimbia ukashike mpira
Andrew, run and catch the ball

Fanya Mazoezi
Exercise

Tunafanya mazoezi
We are exercising

Fanya Kazi ya Nyumbani
Do homework

Tafadhali fanya kazi yako ya nyumbani
Please do your homework

Endesha Baikeli
Ride a Bike

Tuendeshe baiskeli zetu
Let us ride our bikes

Ruka Kamba
Jump Rope

Gina anapenda kuruka kamba
Gina likes to jump rope

Ogelea
Swim

Tutaenda kuogelea kesho
We will go swimming tomorrow

Suka Nywele
Braid Hair

Tutasuka nywele ya Emily leo
We will braid Emily's hair today

Kata Nywele
Cut Hair

Kata nywele zako tafadhali
Cut your hair please

Tazama Runinga
Watch TV

Janet anatazama runinga
Janet is watching TV

Tumia Kompyuta
Use the Computer

Tilda, unatumia kompyuta?
Tilda, are you using the computer?

Cheza Mchezo wa Video
Play Video Game

Ethan anacheza mchezo wa video
Ethan is playing a video game

Tuma Teksti
Send Text

Nitakutumia teksti
I will send you a text

Piga Simu
Make a Phone Call

Nani anapiga simu?
Who is calling?

Piga Picha
Take a Picture

Tabasamu, tupige picha
Smile, we take a picture

21

Imba
Sing

Sonya anapenda kuimba
Sonya likes to sing

Dansi
Dance

Victoria anapenda kudansi
Victoria likes to dance

Cheza Gita
Play the Guitar

Nani anacheza gita?
Who is playing the guitar?

Sikiliza Muziki
Listen to Music

Veronica anasikiliza muziki
Veronica is listening to music

Pumzika
Relax

Kathy, pumzika kidogo
Kathy, relax for a little bit

Ongea
Talk

Kuja tuongee
Come we talk

23

Fua Nguo
Do Laundry

Ni wakati wa kufua nguo
It's time to do laundry

Kunja Nguo
Fold Clothes

Kunja nguo vizuri
Fold clothes properly

Safisha Chumba Chako
Clean Your Room

Safisha chumba chako tafadhali
Clean your room please

Safisha Nyumba
Clean the House

Tutasafisha nyumba leo
We will clean the house today

Fagia
Sweep

Fagia sakafu tafadhali
Sweep the floor please

Ondoa Takataka
Remove Trash

Ondoa takataka nje
Remove the trash outside

Patia
Give

Asante kwa kunipa zawadi
Thanks for giving me a gift

Chukua
Take

Chelsea, chukua kitabu
Chelsea, take the book

Inua
Pickup

Inua kitabu
Pickup the book

26

Weka Chini
Put Down

Weka kitabu chini
Put the book down

Shika
Hold

Shika kitabu
Hold the book

Beba
Carry

Tafadhali beba vitabu
Please carry the books

Jaza
Fill

Jaza maziwa kwa gilasi
Fill the glass with milk

Mwaga
Pour

Jayden, unamwaga maji
Jayden, you are pouring water

Angusha
Drop

Utaangusha simu
You are going to drop the phone

Vunja
Break

Simu ilianguka na ikavunjika
The phone fell and broke

Chomeka
Get Burnt

Ukigusa, utachomeka
If you touch, you will get burnt

Wacha
Stop

Wacha kufanya hivyo
Stop doing that

Cheka
Laugh

Alicia, kwanini unacheka?
Alicia, why are you laughing?

Lia
Cry

Kwanini unalia?
Why are you crying

Furaha
Happy

Niko na furaha leo
I am happy today

Kasirika
Upset

Kwanini unakasirika?
Why are you getting upset?

Choka
Tired

Zoe, umechoka?
Zoe, are you tired?

Anguka
Fall

Utaanguka
You are going to fall

31

Njoo
Come

Austin, njoo hapa tafadhali
Austin, come here please

Nenda
Go

Nenda pale tafadhali
Go over there please

Kaa
Sit

Drew, kaa chini tafadhali
Drew, sit down please

Simama
Stand

Simama juu tafadhali
Stand up please

Tembea
Walk

Tembea pole pole
Walk slowly

Kimbia
Run

Justin, wacha kukimbia
Justin, stop running

33

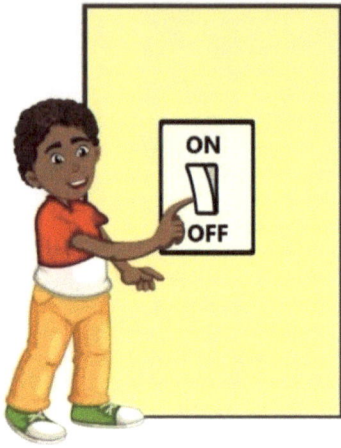

Zima Taa
Turn Lights Off

Kamau, zima taa tafadhali
Kamau, turn the lights off please

Washa Taa
Turn Lights On

Washa taa tafadhali
Turn the lights on please

Funga
Close

Spencer, funga mlango
Spencer, close the door

34

Fungua
Open

Fungua mlango
Open the door

Ingia
Get in

Ingia ndani ya nyumba
Get in the house

Toka
Go out

Alex, toka nje ukacheze
Alex, go out and play

Activities Review

Activities of waking up and sleeping	
Amka	Wake up
Lala	Sleep
Kumbatia	Hug
Busu	Kiss
Omba	Pray
Soma Bibilia	Read the Bible

Activities around mealtime	
Kula	Eat
Kunywa	Drink
Kata	Cut
Pika	Cook
Ondoa Vyombo	Clear Dishes
Safisha Vyombo	Wash Dishes

Activities around morning routine	
Tumia Choo	Use Toilet
Nawa Mikono	Wash Hands
Kuoga	Shower
Osha Uso	Wash Face
Piga Mswaki	Brush Teeth
Chana Nywele	Comb Hair

Activities around morning routine	
Vaa Nguo	Wear Clothes
Vua Nguo	Undress
Paka Mafuta	Apply Lotion
Weka Mapambo	Put Makeup on
Tandika Kitanda	Make Bed
Vaa Viatu	Put Shoes on

Activities related to school	
Nenda Shule	Go to School
Rudi Nyumbani	Return home
Soma	Read
Andika	Write
Fundisha	Teach
Soma	Learn

Play activities	
Cheza	Play
Cheza Kandanda	Play Soccer
Gonga Mpira	Hit the Ball
Tupa Mpira	Throw the Ball
Shika Mpira	Catch the ball
Fanya Mazoezi	Exercise

General actvities	
Fanya Kazi ya Nyumbani	Do homework
Endesha Baikeli	Ride a Bike
Ruka Kamba	Jump Rope
Ogelea	Swim
Suka Nywele	Braid Hair
Nyoa Nywele	Cut Hair

Relaxing activities	
Tazama Runinga	Watch TV
Tumia Kompyuta	Use the Computer
Cheza Mchezo wa Video	Play Video Game
Tuma Teksti	Send Text
Piga Simu	Make a phone Call
Piga Picha	Take a picture

Activities Review

Fun activities	
Imba	Sing
Dansi	Dance
Cheza Gita	Play Guitar
Sikiliza Muziki	Listen to Music
Pumzika	Relax
Ongea	Talk

Chore activities	
Fua Nguo	Do Laundry
Kunja Nguo	Fold Clothes
Safisha Chumba Chako	Clean Your Room
Safisha Nyumba	Clean the House
Fagia	Sweep
Ondoa Takataka	Remove Trash

Action words	
Patia	Give
Chukua	Take
Inua	Pickup
Weka Chini	Put down
Shika	Hold
Beba	Carry

Action words	
Jaza	Fill
Mwaga	Pour
Angusha	Drop
Vunja	Break
Chomeka	Get Burnt
Wacha	Stop

Common action words	
Njoo	Come
Nenda	Go
Kaa	Sit
Simama	Stand
Tembea	Walk
Kimbia	Run

Feeling/Action words	
Cheka	Laugh
Lia	Cry
Furaha	Happy
Kasirika	Upset
Choka	Tired
Anguka	Fall

Action words	
Zima Taa	Turn Lights Off
Washa Taa	Turn Lights On
Funga	Close
Fungua	Open
Ingia	Get in
Toka	Get out

Test Your Swahili Knowledge

1. Fill the missing Swahili or English word that is missing in the list of activities and actions below.

Swahili	English	Swahili	English
	Wake up		Brush teeth
Lala		Osha vyombo	
	Go		Shower
Piga mswaki		Dansi	
	Eat		Play
Njoo		Soma	
	Stop		Sing
Pika		Beba	
	Wash hands		Play on the computer
Tembea		Fungua	
	Wash dishes		Send text
Lia		Zima	

2. Do you remember how to say hello in Swahili? How do you say hello and respond in Swahili?

3. Can you introduce yourself in Swahili? How would you say this in Swahili 'My name is _____ I am ____ years old and I go to _____ (school)

Great job! Keep practicing! You got this!

Helpful Swahili Grammar Tips

Congratulations! Hongera! You are doing great so far! Now that you have covered some common activities in Swahili, here are some tips to help you form some Swahili sentences.

In Swahili when the tense changes the **_verb word_** remains the same, but what changes instead is the **_pronoun prefix tense_** words. This is also the case when the statement changes to a question. It can also hold true for some negative statements.

Here are some examples describing **_kula_** which is to eat. The word **_kula_** remains the same. It does not change like it would in English. For example eaten, ate etc.

- ❖ **Nina** (pronoun prefix tense **I am**)-**kula** (verb for **eating**) **Ninakula** - _I am eating_.
- ❖ **Nilikula** - _I ate_
- ❖ **Nitakula** - _I will eat_
- ❖ **Nina-kula?** _Am I eating?_
- ❖ In a negative form **Sija-kula** - _I have not eaten._

The statement **_Unafanya nini?_** means **_What are you doing?_** To answer, you start the sentence by saying **_Nina (I am)_**….. or **_Na (I)_**…. then fill in with the activity (**kula**). **_Ulifanyanini_** means **What did you do**? To answer, start the sentence with **_Nili_**…. then fill with the activity.

Here is your challenge: Answer the statement **_Unafanya nini_** or **_Ulifanya nini_** by starting the sentence **_Nina (I am) Na (I)_** _____ **or** **_Nili (I)_**____ with as many activities as you can remember. Did you remember all the activates we have covered so far? If not, no worries, just keep practicing. You got this!

Pronouns, Connecting Words and More

In the next couple of pages we will review pronouns and connecting words. Study them to help you form sentences in Swahili. You got this!

Some sample pronoun prefix and tense connecting words

Nina/Na ~ I am	Una~ You are
Nita ~ I will	Uta ~ You will
Nili ~ I	Uli ~ You
Nime ~ I have	Ume ~ You have
Mna ~ You are	Ana ~ He/She is
Mta ~ You will	Ata ~ He/She will
Mli ~ You	Ali ~ He/She
Mume ~ You have	Ame ~ He/She has
Tuna ~ We are	Wana ~ They are
Tuta ~ We will	Wata ~ They will
Tuli ~ We	Wali ~ They
Tume ~ We have	Wame ~ They have

Sample negative pronoun prefix and tense words

Sita ~ I will not	Hata ~ He/She will not
Sija ~ I have not	Hatuta ~ We will not
Huta ~ You will not	Hamta ~ You will not (plural)
Hauta ~ You are not	Hawaja ~ They have not

Negative can also be written with 'si' and the pronoun last letter is changed to an 'I'
Example: **Si-ku-li** for *I am not eating*. **Si-tembe-i** for *I am not walking*

Practice using the above pronoun prefix and tense words to help you describe the activity you are doing with the right tense. Remember if it's a question the statement remains the same you just add a question mark.

Exciting, right! Continue to the next page to review more helpful connecting words……

Pronouns, connecting words and more

Pronouns

Mimi ~ I or Me Wewe ~ You Yeye ~ He/She or her/him	Sisi ~ Us/We Ninyi/Nyinyi ~ You (plural) Wao ~ They/them
Hii ~ This Pale ~ There Hiyo ~ That	Huko ~ There Hapa ~ Here Kule ~ There
Nani? ~ Who? Nini? ~ What? Lini? ~ When? Wapi? ~ Where?	Kwa nini ~ Why? Vipi? ~ How? Gani? ~ Which?

Prepositions

Na ~ And	Kwa sababu ~ Because
Ya ~ Of	Kuwa ~ Be
Na ~ With	Hata ~ Even
Katika ~ At	Lazima ~ Must
Toka ~ From	Hadi ~ Up to
Kama ~ As	Kuhusu ~ About
Ni ~ Is	Hadi ~ Till
Ndani ~ In	Ndani ~ Within
Au ~ Or	Bila ~ Without
Hadi ~ To	Juu ~ Over
Na ~ By	Kati ~ Between
Lakini ~ But	Nyuma ~ Behind
Kwa ~ For	Kuelekea ~ Toward
Juu ya ~ On	Badala ~ Instead of
Juu ~ Up	Pia ~ Also / Too
Kama ~ Like	Nje ~ Out
Wakati ~ During	Karibu ~ Around
Kabla ~ Before	Kupitia ~ Through

Use what you know and practice forming some simple sentences….
Remember Practice makes better!

Swahili English Word bank

Ndio	Yes	Asubuhi	Morning
Hapana	No	Mchana	Afternoon
Tafadhali	Please	Jioni	Evening
Asante	Thank you	Usiku	Night
Nakupenda	I love you	Leo	Today
Sawa	Ok	Kesho	Tomorrow
Samahani	Excuse me	Jana	Yesterday
Samahani	I am sorry	Siku	Day
Karibu	Welcome	Wiki	Week
Kwaheri	Goodbye	Mwezi	Month
Kingereza	English	Mwaka	Year
Kiswahili	Swahili	Sasa	Now
Naelewa	I understand	Poteza	Lost
Sielewi	I don't understand	Pata	Find
Saidia	Help	Tafuta	Look for
Fanya	Do	Funika	Cover
Ona	See	Funua	Uncover
Tutaonana	See you	Vuta	Pull
Sema	Say/Speak	Sukuma	Push
Taka	Want	Jenga	Build
Ita	Call	Bomoa	Tear down
Itika	Respond	Tosha	Enough
Ambia	Tell	Gawanya	Divide
Sikia	Hear	Fikiria	Think
Sililiza	Listen	Huzuni	Sad
Sikia	Feel	Ogopa	Afraid
Mgonjwa	Sick	Heshima	Respect
Mzima	Healthy	Tulia	Calm down
Jua	Know	Sumbua	Bother
Sijui	I don't know	Shinda	Win
Swali	Question	Shindwa	Lose
Jibu	Answer	Haribu	Spoil

Swahili English Word bank

Nunua	Buy	Kelele	Noise
Uza	Sell	Mayowe	Scream
Kopa	Borrow	Kimya	Quiet
Ripa	Pay	Nyamaza	Keep quiet
Pesa	Money	Sauti kubwa	Loud
Rahisi	Simple	Umia	Hurt
Baki	Remain	Usijali	Don't worry
Jaribu	Try	Mwangalifu	Careful
Kawaida	Common	Chafua	Dirtify
Leta	Bring	Harakisha	Hurry
Peleka	Deliver	Haraka	Quickly
Tofauti	Different	Polepole	Slowly
Sawa	Same	Pole	Sorry
Kweli	Really	Ngoja	Wait
Samehe	Forgive	Njaa	Hungry
Kosa	Mistake	Shiba	Full
Kubwa	Big	Penda	Love/Like
Ndogo	Small/Little	Chukia	Hate
Refu	Tall	Uvivu	Laziness
Fupi	Short	Mpango	Plan
Nguvu	Strong	Kitu	Thing
Dhaifu	Weak	Kitu fulani	Something
Mbali	Far	Tumaini	Hope
Karibu	Near	Tayari	Ready/already
Mapema	Early	Mazoezi	Practice
Chelewa	Late	Kazi	Work
Mingi	A lot	Anza	Start
Joto	Heat	Kwanza	First
Baridi	Cold	Mwisho	Last
Hitaji	Need	Pili	Second
Suluhisho	Solution	Maliza	Finish
Ombi	Request	Endelea	Continue
Badilisha	Change	Mwisho	The end

Hongera!
Congratulations!

Thank you for continuing this Swahili learning adventure with us.

We hope you have enjoyed the ride with
My Fun Swahili Book of **Activities Shughuli.**

Practice speaking Swahili daily to get better!

Please also check out the other Fun Swahili book
My Fun Swahili Book of **Numbers Nambari.**

You got this!

For more Fun Swahili resources:
Please join our Fun Swahili facebook group
https://www.facebook.com/groups/funswahili
Please visit our website www.funswahili.com
Please email us at info@funswahili.com

www.ingramcontent.com/pod-product-compliance
Lightning Source LLC
Chambersburg PA
CBHW061049090426

42740CB00002B/95